Holm Schneider

Ein Baby im Bauch

Mit Illustrationen von **Peter Guckes**

NEUFELD VERLAG

Wenn in Mamas Bauch
ein Kind heranwächst,
ist von außen erst mal nichts zu sehen.
Doch was da drinnen jetzt passiert,
ist spannender als jeder Krimi:

Gleich am ersten Tag ist klar,
ob es ein Junge oder ein Mädchen wird,
ob es blaue, grüne oder braune Augen haben
und wem es ähnlich sehen wird.

Aber bis zu seiner Geburt
dauert es noch viele Wochen.

Nach **1** Woche
kommt es in der
Gebärmutter an,
die schon
auf das Baby wartet.

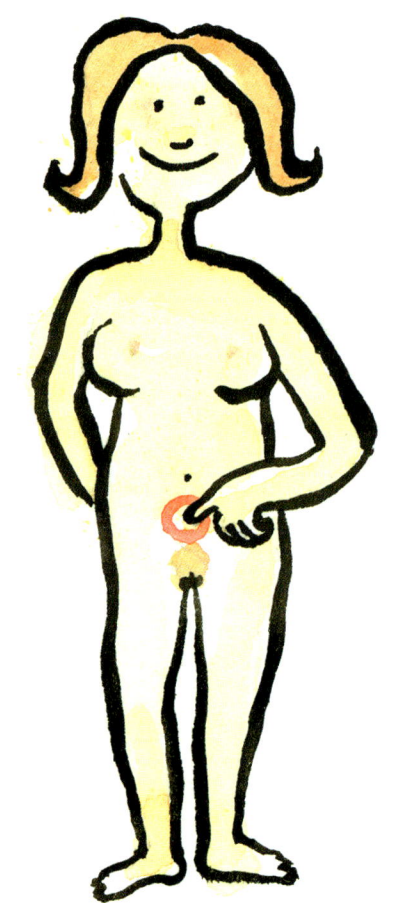

Nach **2** Wochen
hat es sich dort ein kleines Nest eingerichtet,
das zusammen mit ihm wachsen wird.

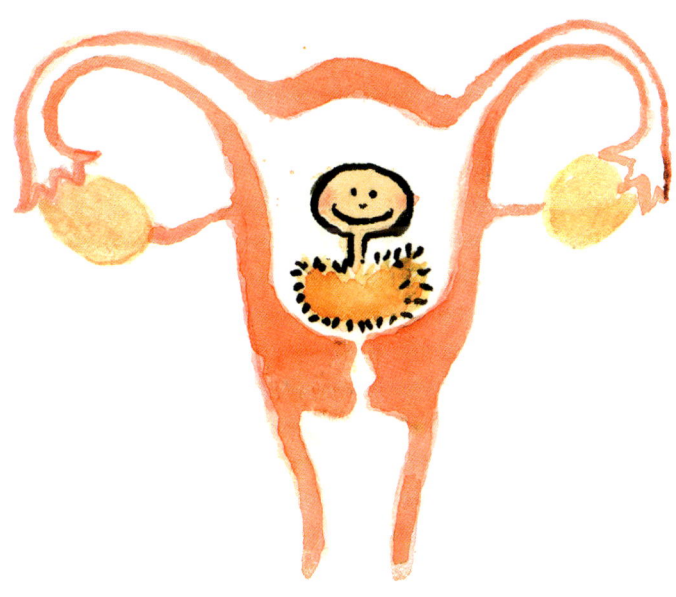

Nach **3** Wochen
fängt sein Herz an zu schlagen.

Nach **4** Wochen
formen sich Arme und Beine.

Nach **5** Wochen
hat das Baby ungefähr
die Größe eines Marienkäfers,
aber nur zwei Beine.

Nach **6** Wochen
hätte es noch
in einem Matchbox-Auto Platz.

Nach **7** Wochen
ist das Baby nun ganz von Fruchtwasser umgeben,
das es vor Stößen schützt.

Nach **8** Wochen
wiegt es etwa so viel wie ein Brief
und hätte schon genauso viel zu erzählen.

Nach **9** Wochen
kann man die Augen ganz genau erkennen –
wenn das Baby sie nicht zuhält.

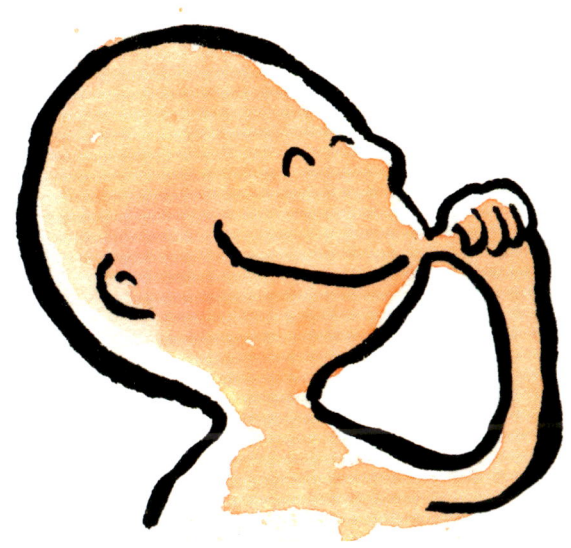

Nach **10** Wochen
entdeckt es, dass man den Daumen
in den Mund stecken kann.

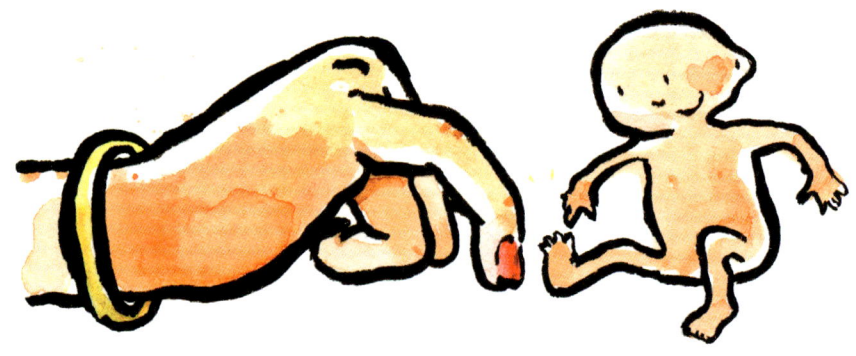

Nach **11** Wochen
ist jedes seiner Füßchen so groß
wie der Fingernagel am kleinen Finger
von Mamas Hand.

Nach **12** Wochen

macht das Baby die ersten Purzelbäume.

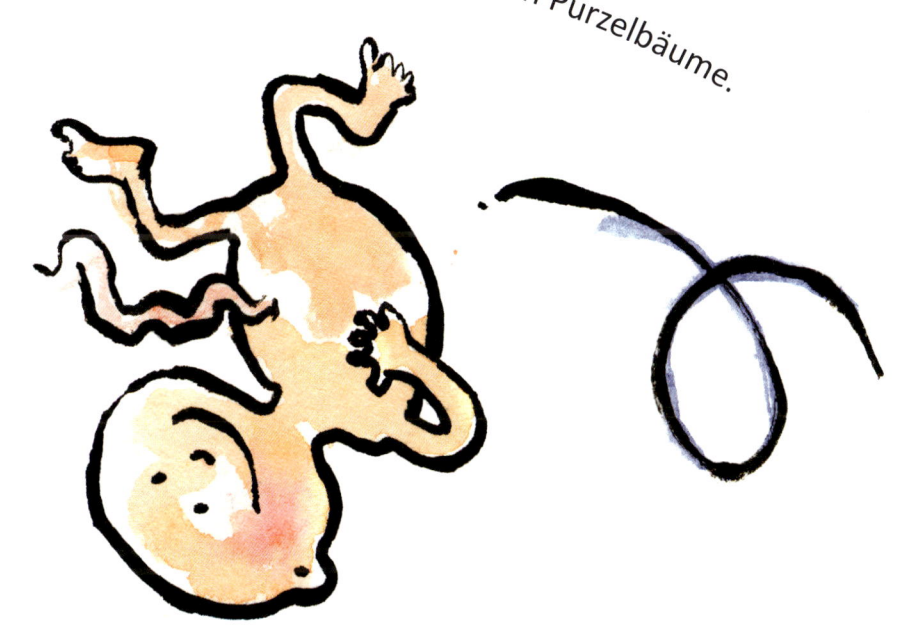

Nach **13** Wochen
fühlt es, wenn jemand
sachte an Mamas Bauch klopft.

Nach **14** Wochen
bekommt das Baby häufig Schluckauf –
vielleicht, weil viele an es denken.

Nach **15** Wochen
kann man mit einem Hörrohr
von außen seinen Herzschlag hören.

Nach **16** Wochen
turnt es an der langen Leine,
die an seinem Bauch befestigt ist.
Von dieser Schnur
bleibt später nur der Nabel übrig.

Nach **17** Wochen
spürt Mama deutlich,
wie es sich bewegt.

Nach **18** Wochen
hört das Baby nun auch
Mamas Herz klopfen.

Nach **19** Wochen
kostet es immer öfter von dem Wasser,
in dem es schwimmt,
und schmeckt,
dass Mama etwas Süßes gegessen hat.

Nach **20** Wochen
ist das Baby schon größer als Papas Hand.
Es wächst und wächst.

Nach **21** Wochen

wachsen auch seine Fuß- und Fingernägel.

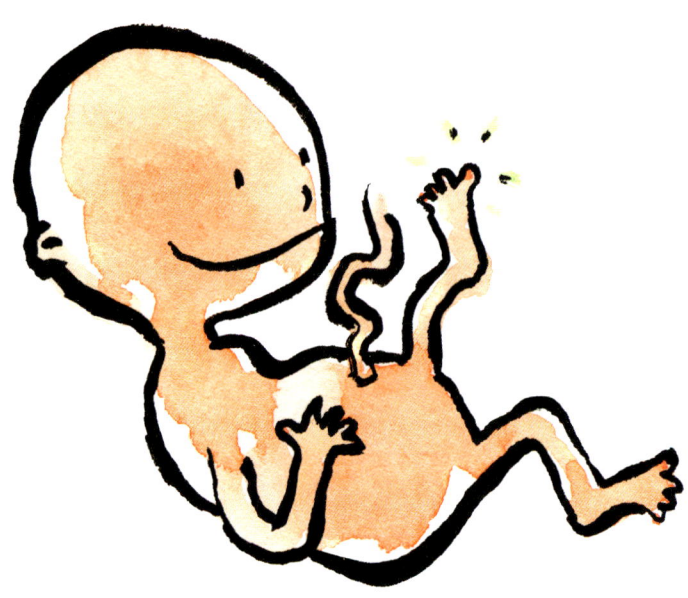

Nach **22** Wochen
hört das Baby,
wenn jemand mit ihm spricht.

Nach **23** Wochen
könnte es schon überleben,
wenn es jetzt geboren würde.

Nach **24** Wochen
fängt das Baby an zu träumen.

Nach **25** Wochen
gähnt es und streckt es sich,
wenn es aufwacht.

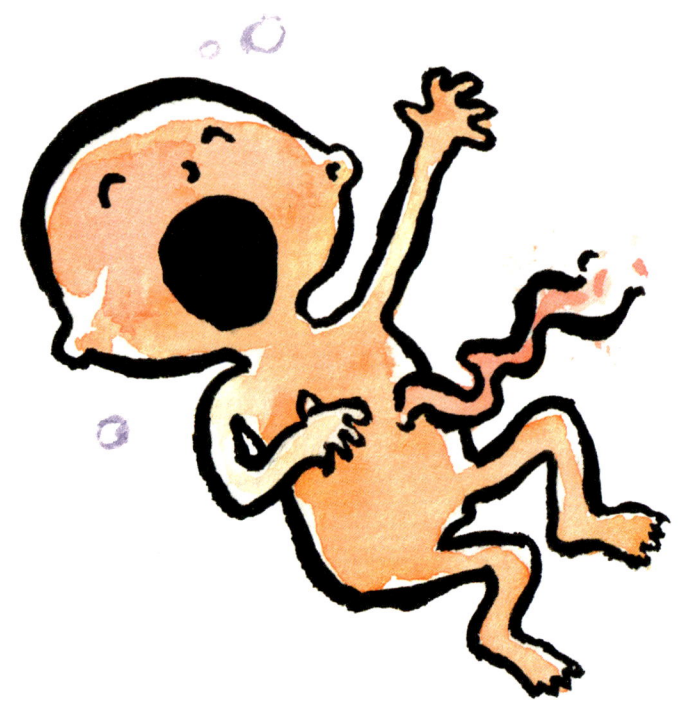

Nach **26** Wochen
hat es die Augen schon häufig offen.

Nach **27** Wochen
macht das Baby
manchmal einen Schmollmund,
manchmal lächelt es.

Nach **28** Wochen
sieht es, wenn die Sonne
auf Mamas dicken Bauch scheint.

Nach **29** Wochen

könnte seine Nase schon vieles riechen.

Nach **30** Wochen
hat das Baby Wimpern
und Augenbrauen.

Nach **31** Wochen
lauscht es, wenn Mama singt.

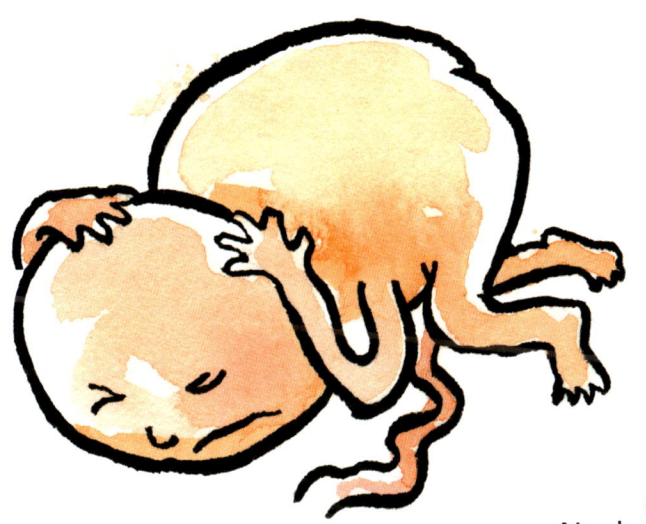

Nach **32** Wochen
rollt es sich zusammen,
wenn draußen jemand schimpft.

Nach **33** Wochen
probiert es schon mal Kopfstand,
weil die meisten Babys
mit dem Kopf zuerst geboren werden.

Nach **34** Wochen
wird's ihm allmählich eng im Bauch.

Nach **35** Wochen
tritt es mit den Füßen
so wie Papa,
wenn er Fußball
spielt.

Nach **36** Wochen
ist das Baby munter,
wenn alle anderen müde sind.

Nach **37** Wochen
hat es kaum noch Platz
zum Wachsen.

Nach **38** Wochen
schlüpft es schließlich
aus Mamas Bauch heraus.

Man sagt:
Das Baby kommt zur Welt.
Du weißt jetzt,
dass es schon lange vorher da war.

Noch ein Wort an die Eltern

Dauert eine Schwangerschaft nicht durchschnittlich 40 Wochen? Hier jedoch ist nur von 38 die Rede. Was stimmt denn nun?

Das hängt davon ab, aus welcher Perspektive man die Schwangerschaft betrachtet: Aus dem Blickwinkel der Mutter, die vom Beginn ihrer letzten Regelblutung an zählt, sind es tatsächlich 40 Wochen. So zählen auch Frauenärzte und Hebammen.

Aus Sicht des Kindes, das meistens um den 14. Zyklustag herum entstanden ist, hat die Schwangerschaft aber erst zwei Wochen später begonnen. Sein Leben vor der Geburt dauert gewöhnlich 38 Wochen.

Zum Autor

Holm Schneider (geb. 1969, auf dem Foto rechts) ist Professor für Kinderheilkunde am Universitätsklinikum Erlangen. Er setzt sich seit vielen Jahren für Kinder und Jugendliche mit genetischen Besonderheiten ein.

Er ist verheiratet und Vater von sechs Kindern. Vielleicht ist das der Grund dafür, dass er nicht nur Artikel und Bücher als Forscher verfasst, sondern auf längeren Bahnreisen seinen Laptop aufklappt und wunderbare Kinderbücher schreibt. Einige davon wurden bereits in mehrere Sprachen übersetzt.

Darüber hinaus ist Holm Schneider vielfältig ehrenamtlich tätig, zum Beispiel in einem Sportverein für Menschen mit Down-Syndrom (Laufclub 21).

Im Neufeld Verlag erschienen auch seine Bücher *„Was soll aus diesem Kind bloß werden?" 7 Lebensläufe von Menschen mit Down-Syndrom* (2014) sowie *Gewagte Beziehungen* (2016).

Zum Illustrator

Peter Guckes, Jahrgang 1965, lebt als Illustrator in Berlin, hat zwei Kinder und malt und zeichnet Bilder für Bücher und andere schöne Dinge. Sein erstes eigenes Kinderbuch ist 2012 erschienen.

*Der **Neufeld Verlag** ist ein unabhängiger, inhabergeführter Verlag mit einem ambitionierten Programm. Wir möchten bewegen, inspirieren und unterhalten. Unser Motto:*

Stellen Sie sich eine Welt vor, in der jeder willkommen ist!

Das ist es, was uns bewegt. Davon träumen wir. Und dafür setzen wir uns ein.

www.neufeld-verlag.de / www.neufeld-verlag.ch

Bleiben Sie auf dem Laufenden:

newsletter.neufeld-verlag.de
www.**facebook**.com/NeufeldVerlag
www.neufeld-verlag.de/**blog**

NEUFELD VERLAG

Druck und Bindung des vorliegenden Buches erfolgten in Deutschland

Das verwendete Papier ist FSC-zertifiziert. Als unabhängige, gemeinnützige, nichtstaatliche Organisation hat sich der Forest Stewardship Council® (FSC) *die Förderung des verantwortungsvollen und nachhaltigen Umgangs mit den Wäldern der Welt zum Ziel gesetzt*

Die Deutsche Bibliothek verzeichnet diese Publikation in der Deutschen Nationalbibliografie; detaillierte bibliografische Daten sind im Internet über www.d-nb.de abrufbar

Umschlaggestaltung: spoon design, Olaf Johannson
Umschlagbild und Illustrationen: Peter Guckes, Berlin
Satz: Neufeld Verlag
Herstellung: Beltz Grafische Betriebe GmbH, Am Fliegerhorst 8, 99947 Bad Langensalza

3. Auflage 2019

© 2015 Neufeld Verlag, Sauerbruchstraße 16, 27478 Cuxhaven
ISBN 978-3-86256-058-5, Bestell-Nummer 590 058

www.neufeld-verlag.de / www.neufeld-verlag.ch

Bleiben Sie auf dem Laufenden:
newsletter.neufeld-verlag.de
www.**facebook**.com/NeufeldVerlag
www.neufeld-verlag.de/**blog**